Impressum
Verlag: BABADADA GmbH, Nedderfeld 112 , 22529 Hamburg
Geschäftsführer / Verlagsleitung: Harald Hof
Druck: Books on Demand GmbH, In de Tarpen 42, 22848 Norderstedt

Imprint
Publisher: BABADADA GmbH, Nedderfeld 112 , 22529 Hamburg, Germany
Managing Director / Publishing direction: Harald Hof
Print: Books on Demand GmbH, In de Tarpen 42, 22848 Norderstedt

l'école

ليكول

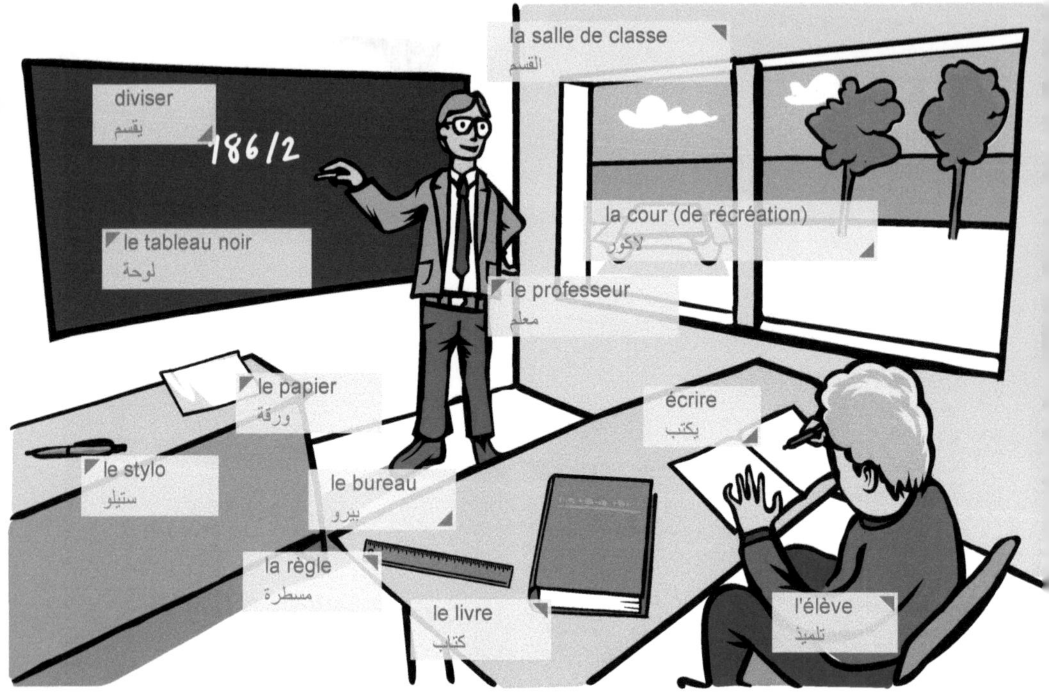
la salle de classe
القسم
diviser
يقسم
186/2
le tableau noir
لوحة
la cour (de récréation)
لاكور
le professeur
معلم
le papier
ورقة
écrire
يكتب
le stylo
ستيلو
le bureau
بيرو
la règle
مسطرة
le livre
كتاب
l'élève
تلميذ

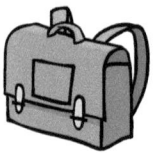

le cartable

كرطاب

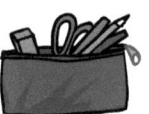

la trousse

المقلمة

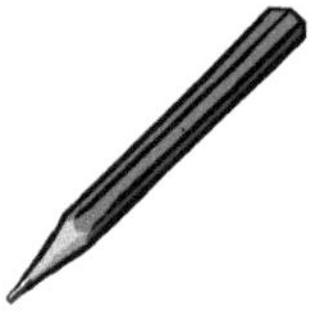

le crayon

قلم الرصاص

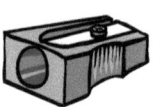

le taille-crayon

منجارة

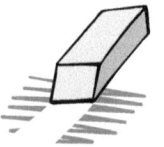

la gomme

ممحا

le carnet à dessin

الكايي تاع الرسم

le dessin

الرسم

le pinceau

البانسو

la boîte de peinture

باتير

les ciseaux

مقص

la colle

كولا

le cahier d'exercices

كايي تاع التمارين

les devoirs

الواجبات

le chiffre

النيميرو

additionner

يجمع

soustraire

يطرح

multiplier

يضرب

calculer

يحسب

la lettre

الحرف

l'alphabet

الحروف

le mot

كلمة

le texte

النص

lire

يقرا

la craie

طباشير

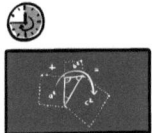

la leçon

الدرس

le livre de classe

دفتر المدرسي

l'examen

اماز قيل

le certificat

سرتفيكا

l'uniforme scolaire

اللبة تاع ليكول

la formation

التعليم

le lexique

ليكسيك

l'université

الجامعة

le microscope

المجهر

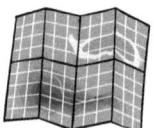

la carte

الخريطة

la corbeille à papier

بوبال

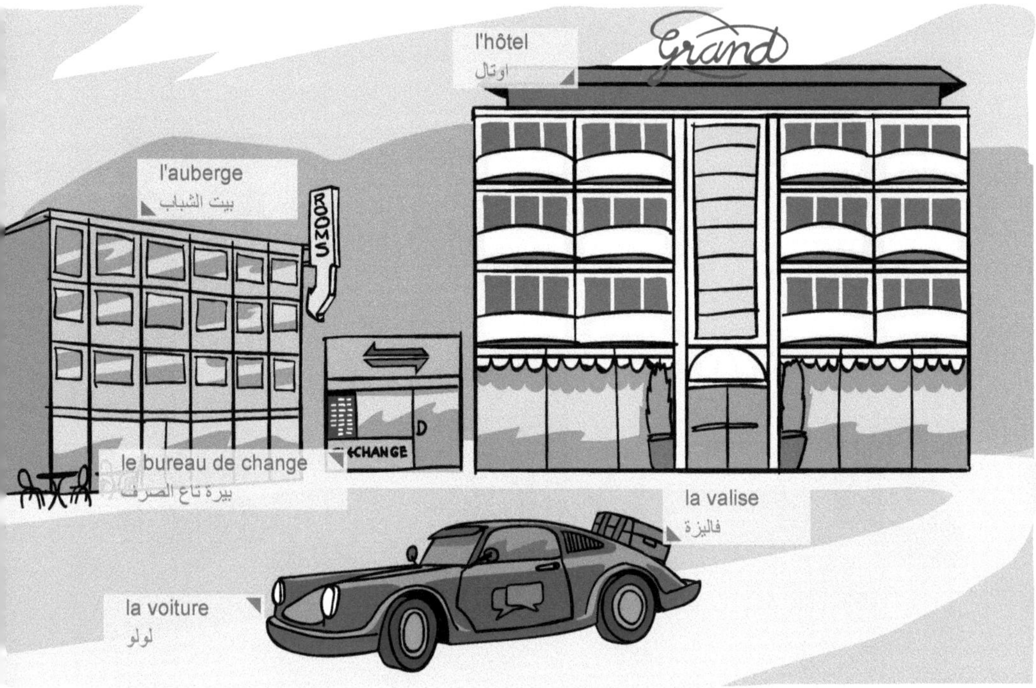

l'hôtel
اوتال
Grand
l'auberge
بيت الشباب
ROOMS
le bureau de change
بيرة تاع الصرف
CHANGE
la valise
فاليزة
la voiture
لولو

la langue
....
اللغة ليقصدها

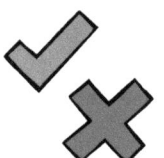

oui / non
....
واه / لا

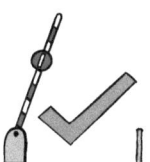

d'accord
....
صحا

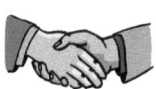

Salut
....
مرحبا

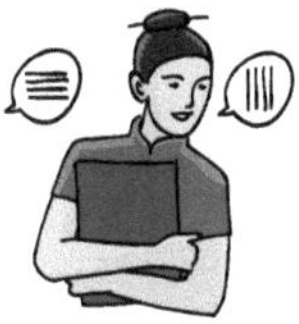

l'interprète
....
طرجمان

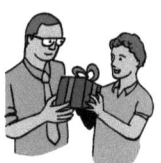

merci
....
صحيت

Combien coûte...?

شحال السومة؟

Je ne comprends pas

مفهمتش

le problème

مشكيلة

Bonsoir !

مسلخير

Bonjour !

صباح لخير

Bonne nuit !

تصبح بخير

Au revoir

بسلامة

la direction

ديركسيو

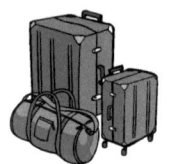

les bagages

الباقاج

le sac

ساك

le sac-à-dos

ساكادو

l'hôte

ضيف

la pièce

شمبرا

le sac de couchage

ساك تاع رقاد

la tente

خيمة

l'office de tourisme

استعلامات سياحية

la plage

بجر

la carte de crédit

كارطة ناع الكريدي

le petit-déjeuner

فطور الصباح

le déjeuner

الفطور

le dîner

العشا

le billet

البيي

l'ascenseur

اسونسير

le timbre

تامبر

la frontière

الحدود

la douane

الديوانة

l'ambassade

سقارة

le visa

فيزا

le passeport

باسبور

le transport

نقل

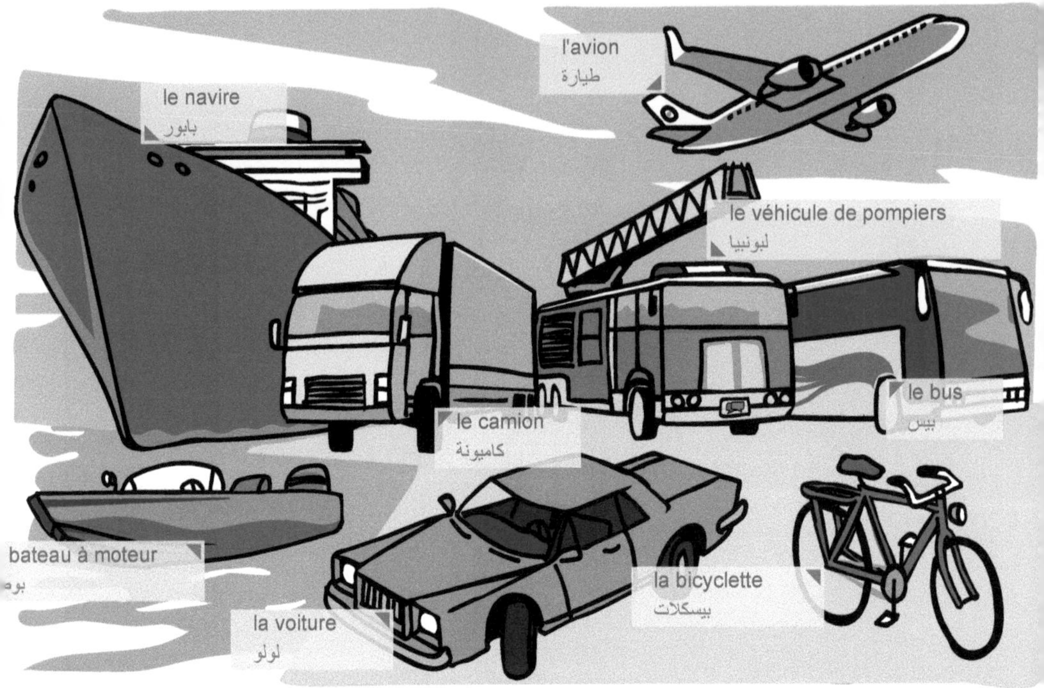
l'avion
طيارة
le navire
بابور
le véhicule de pompiers
لبونبيا
le bus
بيس
le camion
كاميونة
bateau à moteur
la bicyclette
بيسكلات
la voiture
لولو

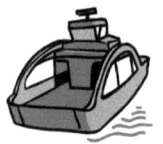

le ferry

بابو

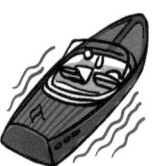

la barque

بوطي

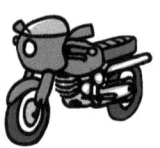

la moto

موطو

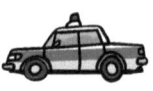

la voiture de police

لوطو تاع لابوليس

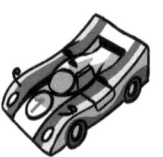

la voiture de course

لوطو تاع السيباق

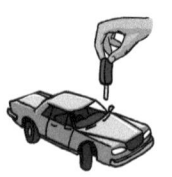

la voiture de location

لوطو تاع كرية

l'auto-partage

لواطا تاع كرية

la voiture de remorquage

رومورك

la benne à ordures

كاميو تاع الزبل

le moteur

موتور

l'essence

ليسونس

la station d'essence

ستاسيون

le panneau indicateur

بانو

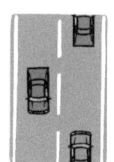

le trafic

ترافيك

l'embouteillage

سركالة

le parking

باركينغ

la gare

لاقار

les rails

السبيكة

le train

قطار

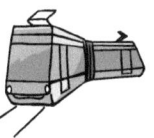

le tramway

ترام

le wagon

فاغون

l'hélicoptère

اليكبتار

l'aéroport

مطار

la tour

تور

le passager

مسافر

le conteneur

كونتنار

le carton

كرطونة

le chariot

شاريو

la corbeille

سلة

décoller / atterrir

يقلع / يهود

la ville

مان

le village

قرية

le centre-ville

البلاد

la maison

دار

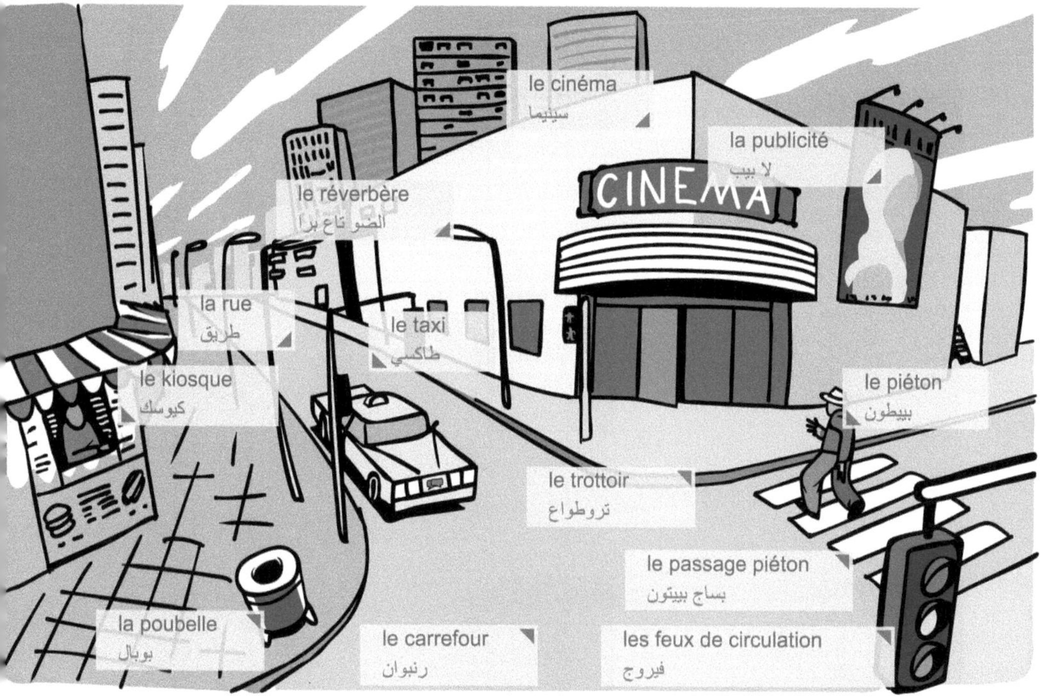
CINEMA
le cinéma
سينيما
la publicité
لا بيب
le réverbère
الضو تاع برا
la rue
طريق
le taxi
طاكسي
le kiosque
كيوسك
le piéton
بييطون
le trottoir
تروطواع
le passage piéton
بساج بييتون
la poubelle
بوبال
le carrefour
رنبوان
les feux de circulation
فيروج

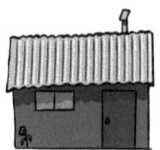

la cabane
كوخ

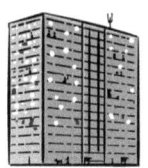

l'appartement
برطمان

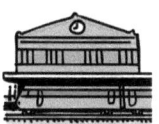

la gare
لاقار

la mairie
لاميري

MUSEUM

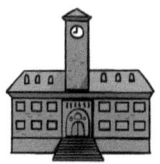

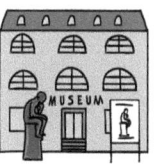

le musée
متحف

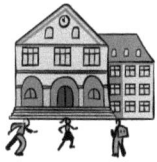

l'école
ليكول

l'université

الجامعة

la banque

بانكة

l'hôpital

سبيطار

l'hôtel

اوتال

la pharmacie

فارماسي

le bureau

بيرو

la librairie

مكتبة

le magasin

حانوت

le fleuriste

فلوريست

le supermarché

سوبرات

le marché

مرشي

le grand magasin

حانوت كبير

la poissonnerie

مسمكة

le centre commercial

سونتر كومرسيال

le port

الميناء

le parc

بارك

la banque

بنك

le pont

جسر

les escaliers

درج

le métro

ميترو

le tunnel

تونال

l'arrêt de bus

لاري تاع البيس

le bar

بار

le restaurant

مطعم

la boîte à lettres

صندوق البريد

le panneau indicateur

البانوات

le parcmètre

مقياس زمن الوقوف

le zoo

حديقة حيوانات

le réverbère

بيسين

la mosquée

جامع

la ferme

فيرما

la pollution

التلوث

la cimetière

مقبرة

l'église

قليزية

l'aire de jeux

بارك

le temple

معبد

le paysage

الريف

la feuille
ورقة

le panneau indicateur
بانو

le chemin
طريق

le pré
مرج

la pierre
حجرة

l'arbre
شجرة

le randonneur
رحالة

la rivière
نهر

l'herbe
حشيش

la fleur
زهرة

la vallée

واد

la montagne

جبل

le lac

بحيرة

la forêt

غابة

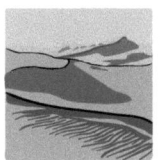

le désert

صحرا

le volcan

بركان

le château

شاطو

l'arc-en-ciel

قوس قزح

le champignon

فطر

le palmier

نخلة

le moustique

ناموسة

la mouche

ذبابة

les fourmis

نملة

l'abeille

نحلة

l'araignée

رتيلة

le coléoptère

خنفوس

la grenouille

جرانة

l'écureuil

سنجاب

le hérisson

قنفود

le lièvre

قنينة

la chouette

بومة

l'oiseau

زاوش

le cygne

بجعة

le sanglier

حلوف

le cerf

عزالة

l'élan

إلكة

le barrage

سد

l'éolienne

الطاحونة

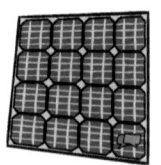

le panneau solaire

خلية شمسية

le climat

كليما

le restaurant

مطعم

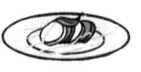

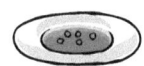

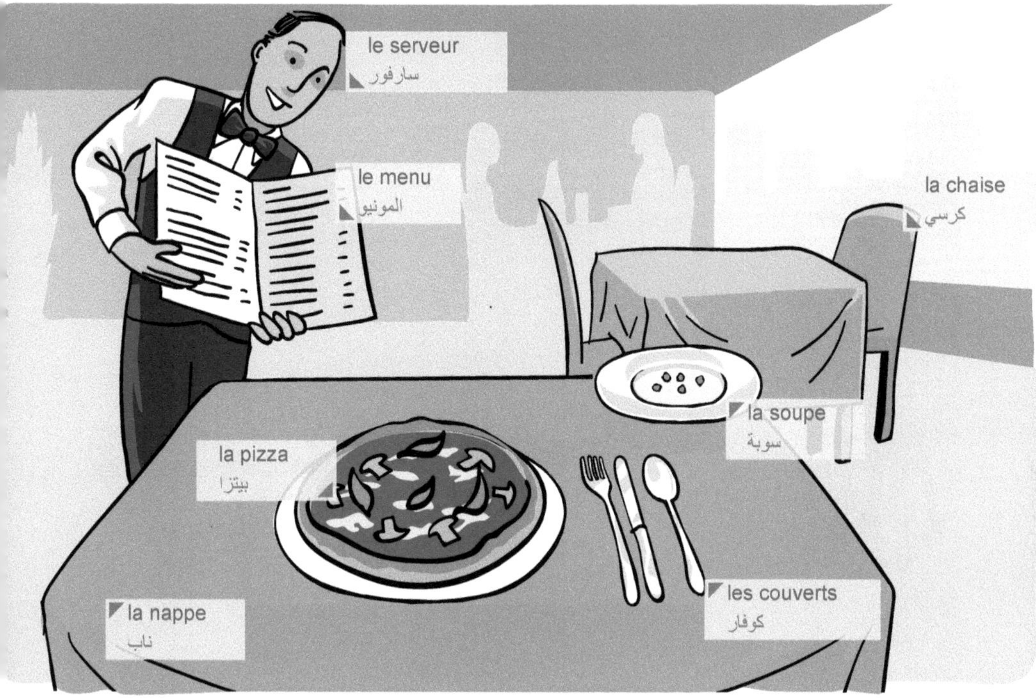
le serveur
سارفور
le menu
المونيو
la chaise
كرسي
la soupe
سوبة
la pizza
بيتزا
les couverts
كوفار
la nappe
ناب

les hors d'œuvre
اوردوفر

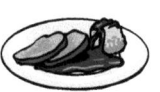

le plat principal
الطبق الرئيسي

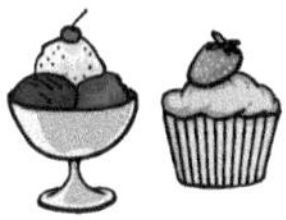

le dessert
ديسار

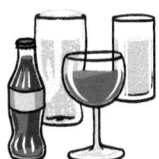

les boissons
مشروبات

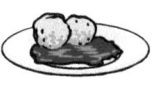

l'alimentation
ماكلة

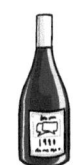

la bouteille
القرعة

le fast-food

فاست فود

les plats à emporter

ماكلة نديه معايا

la théière

براد اتاي

le sucrier

سكرية

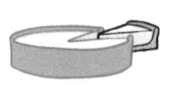

la portion

طرف

la machine à expresso

ماشينة تاع اكسبريسو

la chaise haute

كرسي عالي

la facture

فاتورة

le plateau

سني

le couteau

خدمي

la fourchette

فرشيطة

la cuillère

مغيرفة

la cuillère à thé

مغيرفة تاع لاتاي

la serviette

سربيتة تاع الطابلة

le verre

كاس

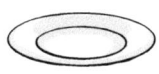

l'assiette

طبسي

l'assiette à soupe

بول

la soucoupe

طبسي تاع الفنجال

la sauce

لاصوص

la salière

القوطي تاع الملح

le moulin à poivre

طحان تاع الحرور

le vinaigre

خل

l'huile

زيت

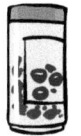

les épices

ليزيبيس

le ketchup

كتْشوب

la moutarde

موطارد

la mayonnaise

مايونيز

le supermarché

سوبرات

l'offre promotionnelle
بروموسيو
FOR
le client
كلويون
les produits laitiers
مشتقات الحليب
les fruits
فاكية
le chariot
شاريو

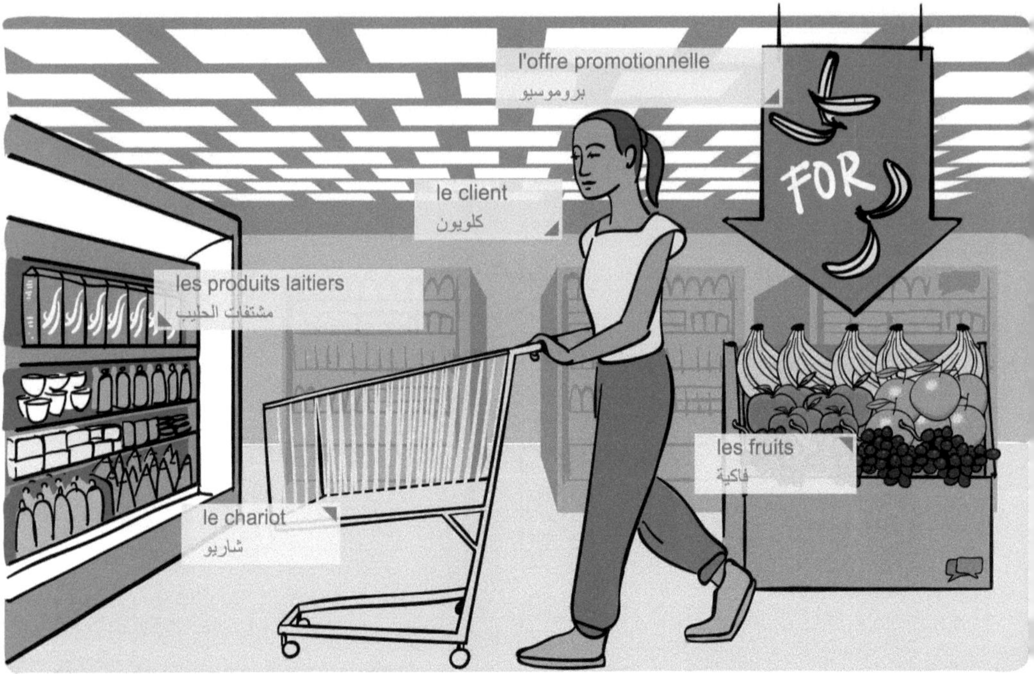

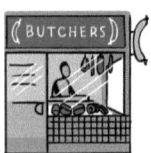

BUTCHERS

la boucherie

بوشي

BAKERY

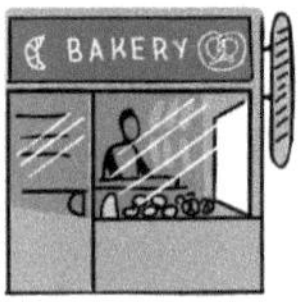

la boulangerie

بولونجي

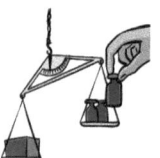

peser

يوزن

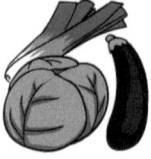

les légumes

خضار

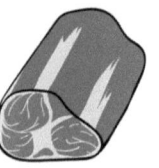

la viande

لحم

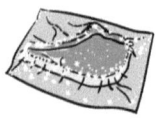

les aliments surgelés

سيرجولي

la charcuterie

كاشير

les conserves

كونسارف

la poudre à lessive

الاومو تاع لغسيل

les bonbons

الحلويات

les articles ménagers

صوالح الدار

les détergents

ديتارجو

la vendeuse

فوندوز / خدامة فالحانوت

la caisse

لاكاس

le caissier

كاسسي

la liste d'achats

ليستا تاع الشري

les heures d'ouverture

سوايع الخدمة

le portefeuille

متزداتم

la carte de crédit

كارطة ناع الكريدي

le sac

ساك

le sac en plastique

بورسة

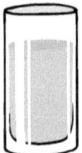

l'eau

الما

le jus de fruit

جو

le lait

حليب

le coca

كوكا

le vin

الشراب

la bière

البيرة

l'alcool

شراب

le chocolat chaud

كاكاو

le thé

لاتاي

le café

قهوة

l'expresso

اكسبريسو

le cappuccino

كابوتشينو

la banane

بانانة

la pomme

تفاح

l'orange

تشينا

le melon

بطيخ

le citron.

ليم

la carotte

كروطة / زرودية

l'ail

ثوم

le bambou

بانبو

l'oignon

بصل

le champignon

شانبينيو

les noisettes

بندق

les pâtes

لبيات

les spaghetti

سباقيتي

le riz

روز

la salade

سلاطة

les pommes frites

ليفريت

les pommes de terre rôties

ليفريت

la pizza

بيتزا

le hamburger

هانبورقر

le sandwich

سندويتش

l'escalope

اسكالوب

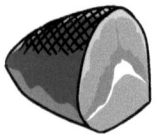

le jambon

لحم الحلوف

le salami

سامي

la saucisse

مرقاز

le poulet

جاجة

le rôti

لحم مشوي

le poisson

حوت

les flocons d'avoine

شوفان

le muesli

موسلي

les cornflakes

كورن فلكس

la farine

فرينة

le croissant

كرواسون

les petits-pains

خبيزة

le pain

الخبز / كسرة

le pain grillé

خبز محمر

les biscuits

بيسكوي

le beurre

زبدة

le fromage blanc

لبن

le gâteau

قاطو

l'œuf

بيض

l'œuf au plat

بيض مقلي

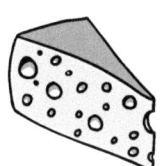

le fromage

فرماج

la glace

لاكرام

le sucre

سكر

le miel

عسل

la confiture

كونفتير

la crème nougat

نوقا

le curry

الكاري

la ferme
فيرما

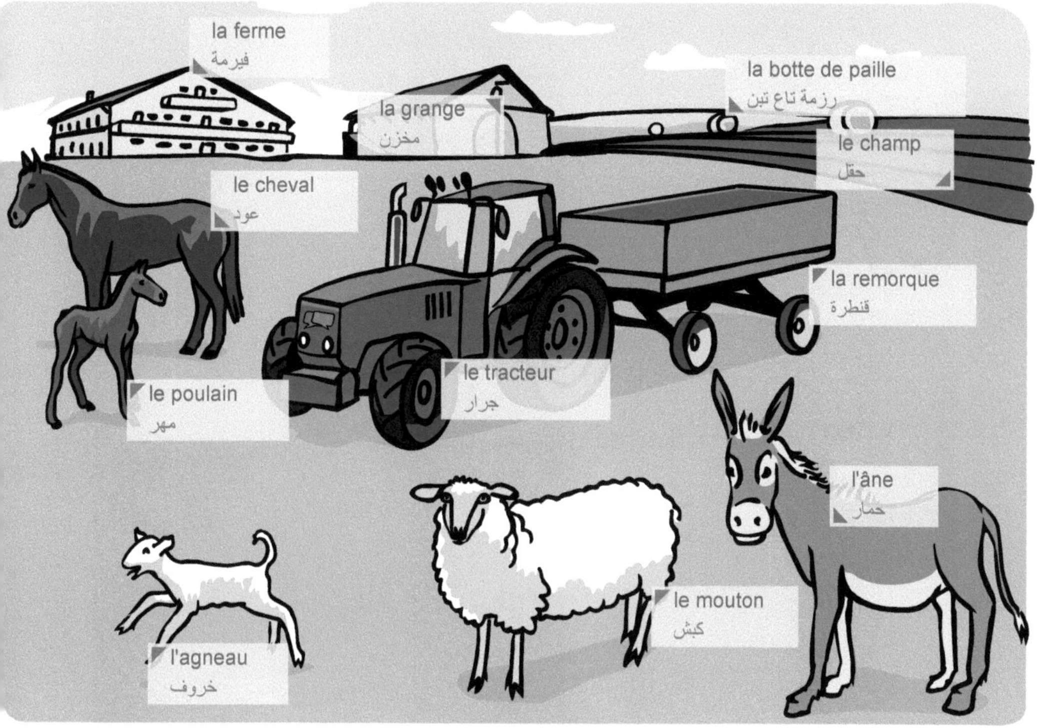
la ferme
فيرمة
la grange
مخزن
la botte de paille
رزمة تاع تبن
le champ
حقل
le cheval
عود
la remorque
قنطرة
le tracteur
جرار
le poulain
مهر
l'âne
حمار
le mouton
كبش
l'agneau
خروف

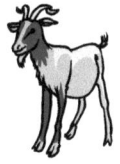

la chèvre
معزة

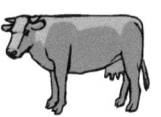

la vache
بقرة

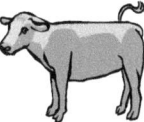

le veau
عجل

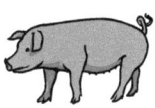

le porc
حلوف

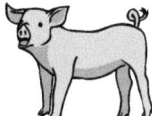

le porcelet
حلوف صغير

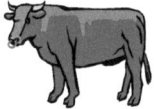

le taureau
طورو

l'oie

وزة

le canard

بطة

le poussin

فلوس

la poule

جاجة

le coq

سردوك

le rat

طوبا

le chat

قطة

la souris

فأر

le bœuf

ثور

le chien

كلب

le chenil

دار الكلب

le tuyau de jardin

تبيو

l'arrosoir

إبريق

la faucheuse

منجل

la charrue

محراث

la faucille

منجل

la pioche

الفاس

la fourche

مذراة الزبل

la hache

شاقور

la brouette

برويطة

la cuve

معلف

le pot à lait

قابة تاع حليب

le sac

ساشيا

la clôture

سياج

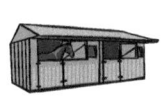

l'étable

صطبل

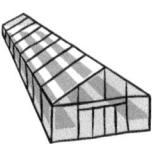

le serre

بوطاجي

le sol

تراب

les semences

بذور

l'engrais

سماد

la moissonneuse-batteuse

حصادة

récolter

يحصد

la récolte

الغلة

l'igname

بطاط

le blé

قمح

le soja

صويا

la pomme de terre

بطاطا

le maïs

ماييس

le colza

سلجم

l'arbre fruitier

شجرة تاع فاكية

le manioc

منيهوت

les céréales

الخبوب

la maison

دار

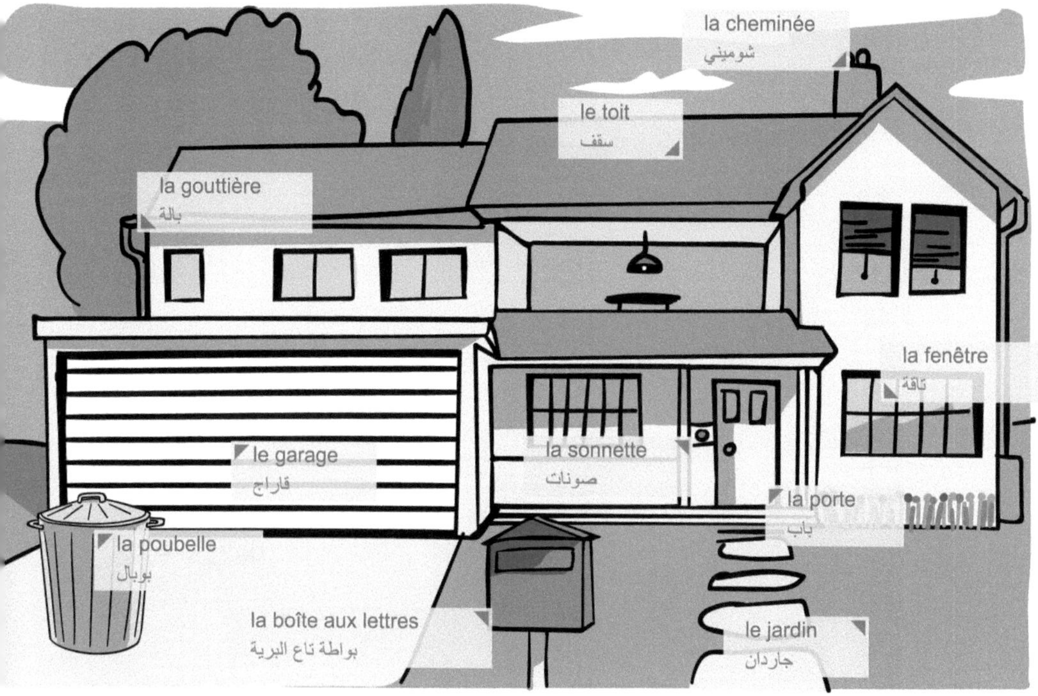

la cheminée
شوميني
le toit
سقف
la gouttière
بالة
la fenêtre
تاقة
le garage
قاراج
la sonnette
صونات
la porte
باب
la poubelle
بوبال
la boîte aux lettres
بواطة تاع البرية
le jardin
جاردان

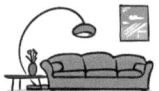

le salon

صالون

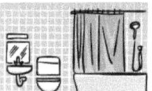

la salle de bain

الحمام

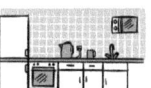

la cuisine

كوزينا

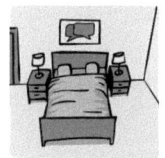

la chambre à coucher

شامبرا تاع رقاد

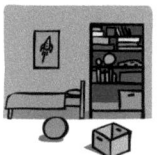

la chambre d'enfant

شمبرا تاع ذراري

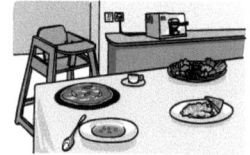

la salle à manger

صالة مونجي

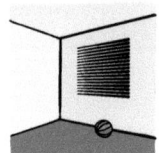

le sol

لرض

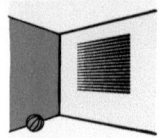

le mur

حيط

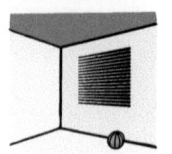

le plafond

بلافو

la cave

كافا

le sauna

سونا

le balcon

بالكون

la terrasse

تيراسة

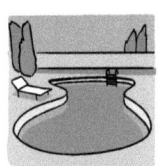

la piscine

بيسين

la tondeuse à gazon

جزارة تاع حشيش

la housse

ااووس

la couette

كووات

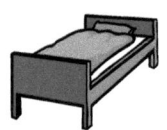

le lit

ناموسية

le balai

مصلحة

le sceau

بيدو تاع صليح

l'interrupteur

انتغبتور

le salon
صالون

le papier peint
ورق تاع حيطان
l'image
تصويرة
la lampe
لامبا
l'étagère
ايتجار
l'armoire
بلاكار
la télé
تيفزيون
la cheminée
شوميني
la fleur
زهرة
le coussin
مخدة
le sofa
صافا
le vase
فاز
la télécommande
تيليكومند

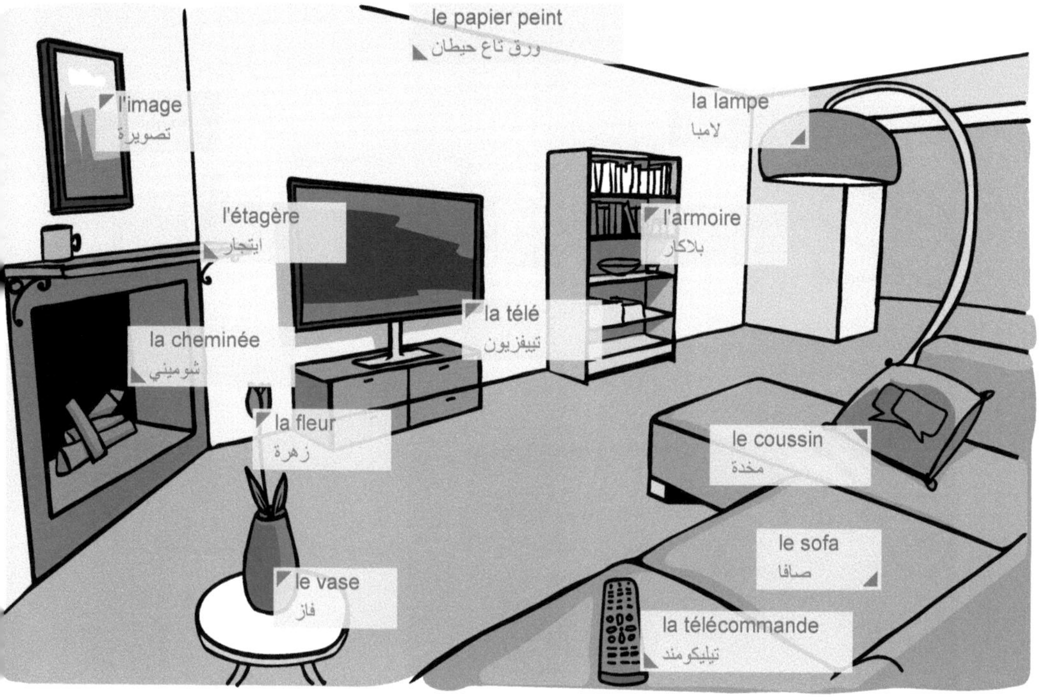

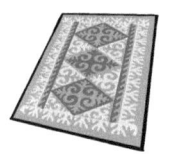

le tapis
طابي

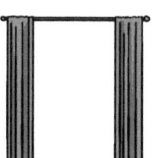

le rideau
ريدو

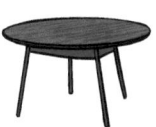

la table
طابلة

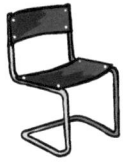

la chaise
كرسي

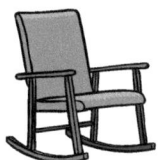

la chaise à bascule
كرسي يبوجي

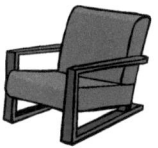

le fauteuil
فوتاي

le livre

كتاب

la couverture

طوفيرطة

la décoration

زواق

le bois de chauffage

الحطب

le film

فيلم

la chaîne hi-fi

الستيريو

la clé

مفتاح

le journal

جرنان

la peinture

كادر

le poster

بوستار

la radio

راديو

le bloc-notes

كناش

l'aspirateur

اسبيراتور

le cactus

صبار

la bougie

شمعة

la cuisine
كوزينا

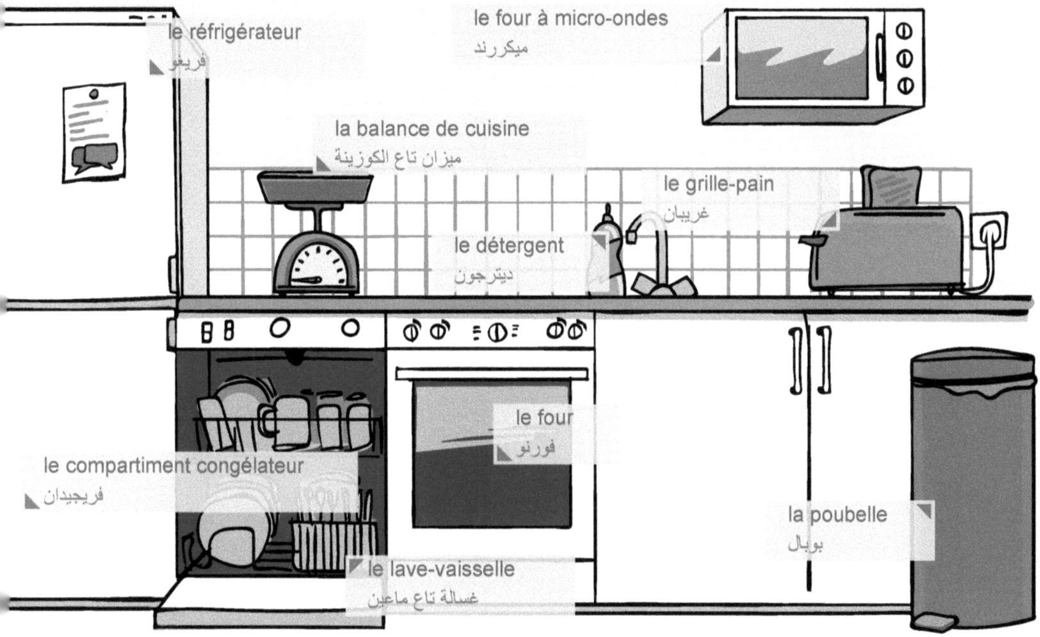
le réfrigérateur
فريغو
le four à micro-ondes
ميكررند
la balance de cuisine
ميزان تاع الكوزينة
le grille-pain
غريبان
le détergent
ديترجون
le four
فورنو
le compartiment congélateur
فريجيدان
la poubelle
بوبال
le lave-vaisselle
غسالة تاع ماعين

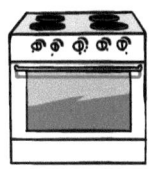

le four
....
الفور

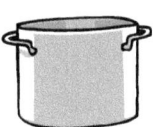

la casserole
....
قدرة

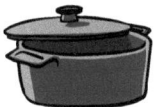

la marmite
....
مرميطا

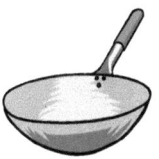

le wok / kadai
....
طاوة غامقة

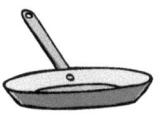

la poêle
....
مقلة

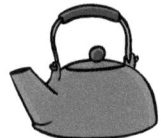

la bouilloire electrique
....
غلاية

le cuiseur vapeur

قدرة

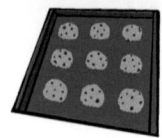

la plaque de cuisson

سني

la vaisselle

ماعين

le gobelet

قوبلي

la coupe

طبسي

les baguettes

مطارق تاع الماكلة

la louche

لوشة

la spatule

سباتولة

le fouet

الضرابة

la passoire

كسكاس

le tamis

صفاية

la râpe

راب

le mortier

مهراز

le barbecue

شواية

la cheminée

موقد

la planche à découper

بلونشا

le rouleau à pâtisserie

رولو

le tire-bouchon

الحلال

la boîte

قابسة

l'ouvre-boîte

الحلال

les maniques

كتان

le lavabo

لافابو

la brosse

بروسة

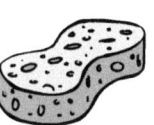

l'éponge

بونجة

le mixeur

الخلاط

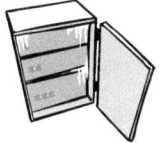

le congélateur

فريغو

le biberon

بيبرونة

le robinet

سبالة

la salle de bain

الحمام

la douche
دوش
le chauffage
شوفاج
la serviette
سربيتة
le rideau de douche
ريدو تاع لادوش
le bain moussant
حمام بالرغوة
la baignoire
بنوار
le verre
كاس
la machine à laver
غسالة تاع حوايج
le robinet
سبالة
le carrelage
كرلاج
le pot
لبو
le lavabo
لافابو

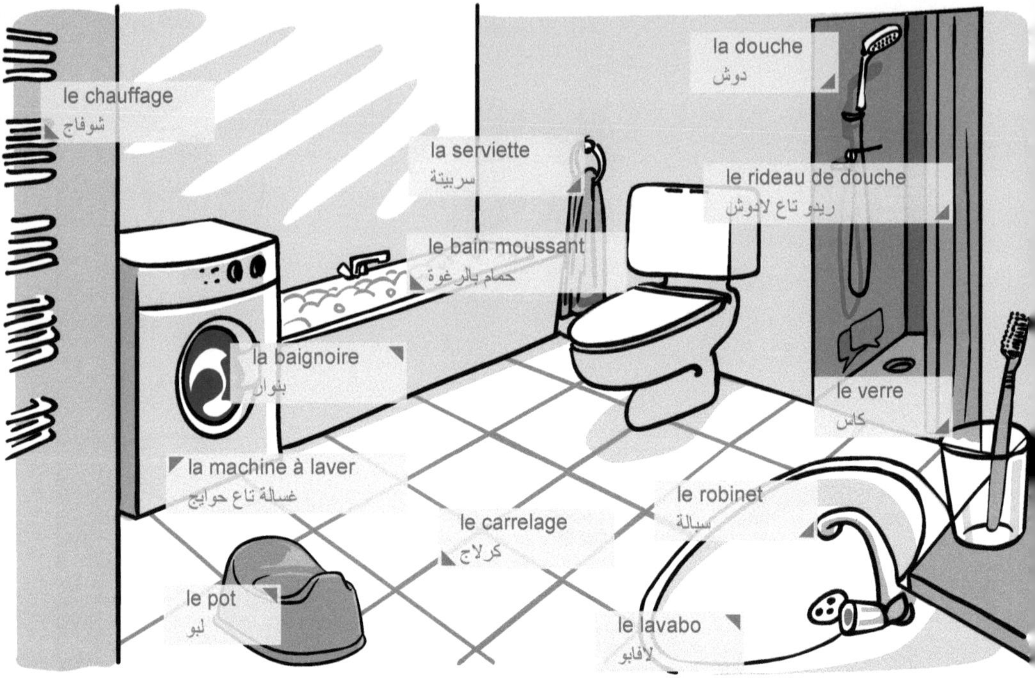

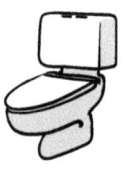

les toilettes

توالات

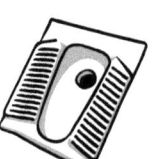

la toilette à la turque

توالات تركي

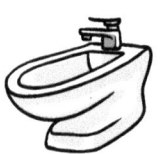

le bidet

غسال الرجلين

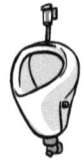

l'urinoir

مبولة

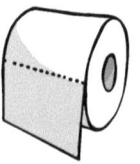

le papier toilette

ورق تاع توالات

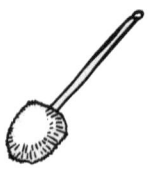

la brosse à toilette

بروسة تاع توالات

la brosse à dents

بروسدون

le dentifrice

دونتفريس

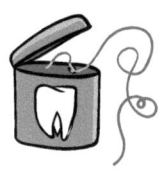

le fil dentaire

خيط السنان

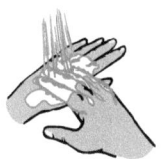

laver

يغسل

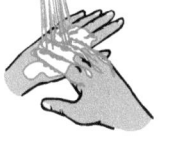

la douche manuelle

دوشات تاع دوش

la douche intime

دوشات

la vasque

لافابو

la brosse dorsale

بروسا تاع الظهر

le savon

صابون

le gel douche

جال دوش

le shampooing

شنبوان

le gant de toilette

الحبل

l'écoulement

قادوس

la crème

بومادة

le déodorant

ديودورون

le miroir

مراية

le miroir cosmétique

مراة صغيرة

le rasoir

رازوار

la mousse à raser

لاموس

l'après-rasage

كولون

la peigne

مشطة

la brosse

بروسة

le sèche-cheveux

سشوار

la laque pour cheveux

مثبت الشعر

le fond de teint

مكياج

le rouge à lèvres

روجالافر

le vernis à ongles

فرني

l'ouate

قطن

le coupe-ongles

كوبنغل

le parfum

ريحة

la trousse de toilette

تروسة تاع حمام

le tabouret

طابوري

le pèse-personne

ميزان

le peignoir

بينوار

les gants de nettoyage

ليغونات تاع النيتواياج

le tampon

تمبون

les serviettes hygiéniques

ليبوند

la toilette chimique

توالات

la chambre d'enfant

شمبرا تاع ذراري

le réveil
ريفاي
le doudou
نونورس
la voiture jouet
لوطو جوي
le hochet
الخشخاش
la maison de poupée
دار تاع بوبيات
le cadeau
كادو

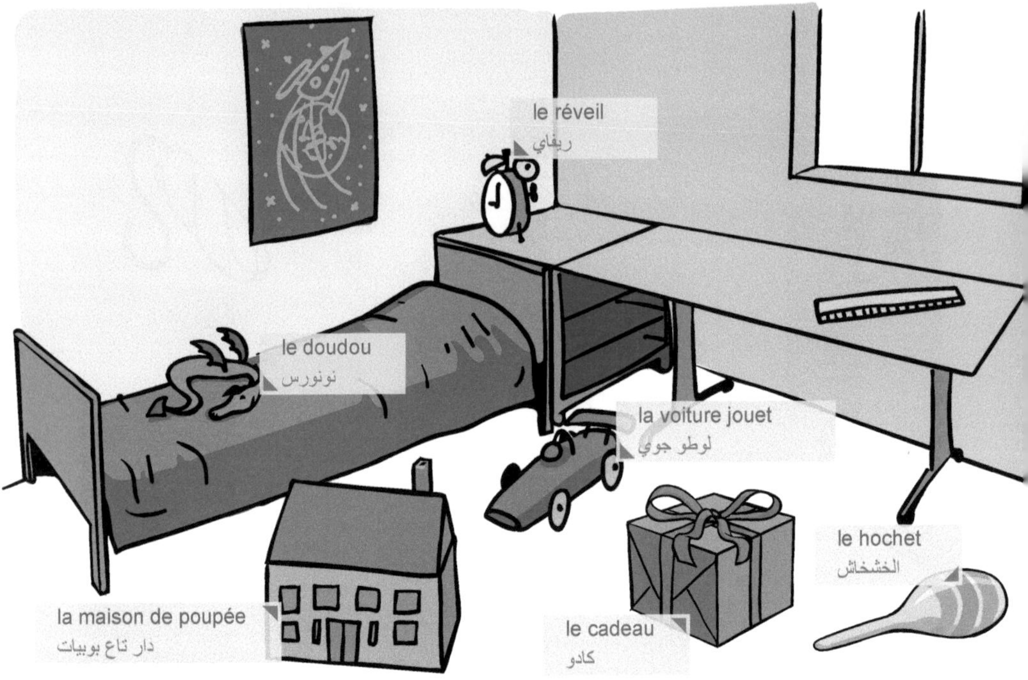

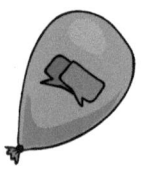

le ballon

بالونة / نسافة

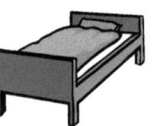

le lit

ناموسية

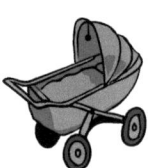

la poussette

بوسات

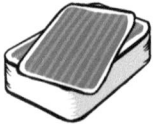

le jeu de cartes

الكارطة

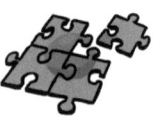

le puzzle

البوزيل

SUPER
MEGA

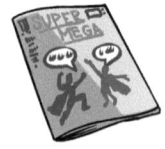

la bande dessinée

بوند ديسيني

les pièces lego

الليغو

les blocs de construction

حجر يبنوه

la figurine

بوبية

la grenouillère

لبسة تاع البيبي

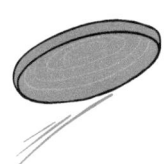

le frisbee

فريزي

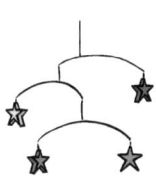

le mobile

اللهاية

le jeu de société

لعبة الطابلة

le dé

الدي

le train miniature

التران

la sucette

سوسات

la fête

حفلة / الفيشطة

le livre d'images

كتاب بتصاوير

la balle

بالون

la poupée

بوبية

jouer

يلعب

le bac à sable

بارك بالرملة

la balançoire

بنصوار

les jouets

جوي

la console de jeu

منيطا

le tricycle

بيسكلات

l'ours en peluche

دبدوب

l'armoire

ماريو

les vêtements

حوايج

les chaussettes

نقاشر

les bas

ليبا

le collant

كولو

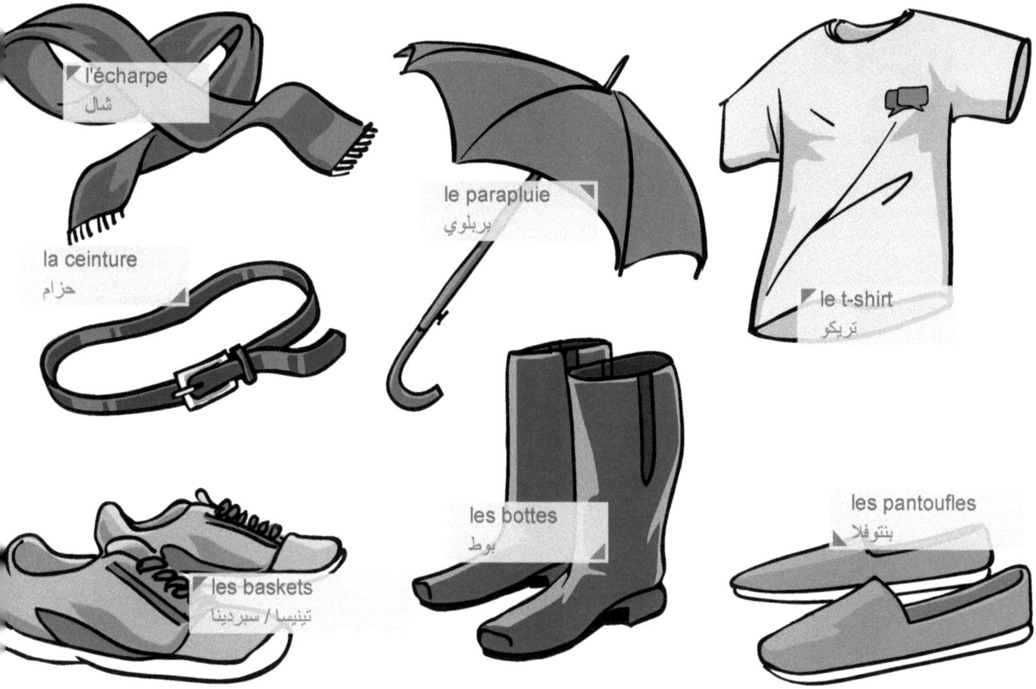

l'écharpe
شال

le parapluie
بربلوي

le t-shirt
تريكو

la ceinture
حزام

les bottes
بوط

les pantoufles
بنتوفلا

les baskets
تينيسيا / سبردينا

les sandales

صندالة

les chaussures

صباط

les bottes de caoutchouc

بوط بلاستيك

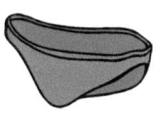

les sous-vêtements

كالسون

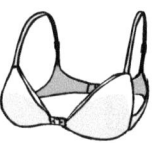

le soutien-gorge

سوتيان

le maillot de corps

حويج تاع داخل

le body

لاسق على الجسم

le pantalon

سروال

le jean

جين

la jupe

جيبا

le chemisier

طابلية

la chemise

قمجة

le pull

تريكو

le sweat à capuche

قارديقون

la veste

بلازار

la veste

فيستا

le manteau

بالطو

l'imperméable

بالطو

le costume

كوستيم

la robe

روبا

la robe de mariée

روب بلونش

les vêtements - حوايج

le costume

كوستيم

la chemise de nuit

شوميز دونوي

le pyjama

بيجاما

le sari

ساري

le foulard

حجاب

le turban

عمامة

la burqa

برقع

le caftan

قفطان

l'abaya

عباية

le maillot de bain

مايو

le maillot de bain

سروال تاع عوم

le short

شورت

la tenue d'entraînement

لبسة تاع سبور

le tablier

طابلية

les gants

ليڤونات

le bouton

قفلة

les lunettes

نواظر

le bracelet

براسلي

le collier

سنسلة

la bague

خاتم

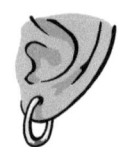

la boucle d'oreille

منقوش

le bonnet

بوني

le cintre

سانتر

le chapeau

شابو

la cravate

قرافاطة

la fermeture éclair

غيمة

le casque

كاسك

les bretelles

بروتال

l'uniforme scolaire

اللبة تاع ليكول

l'uniforme

لينيفورم

le bavoir

رياقة

la sucette

سوسات

la lange

ليكوش

le bureau

بيرو

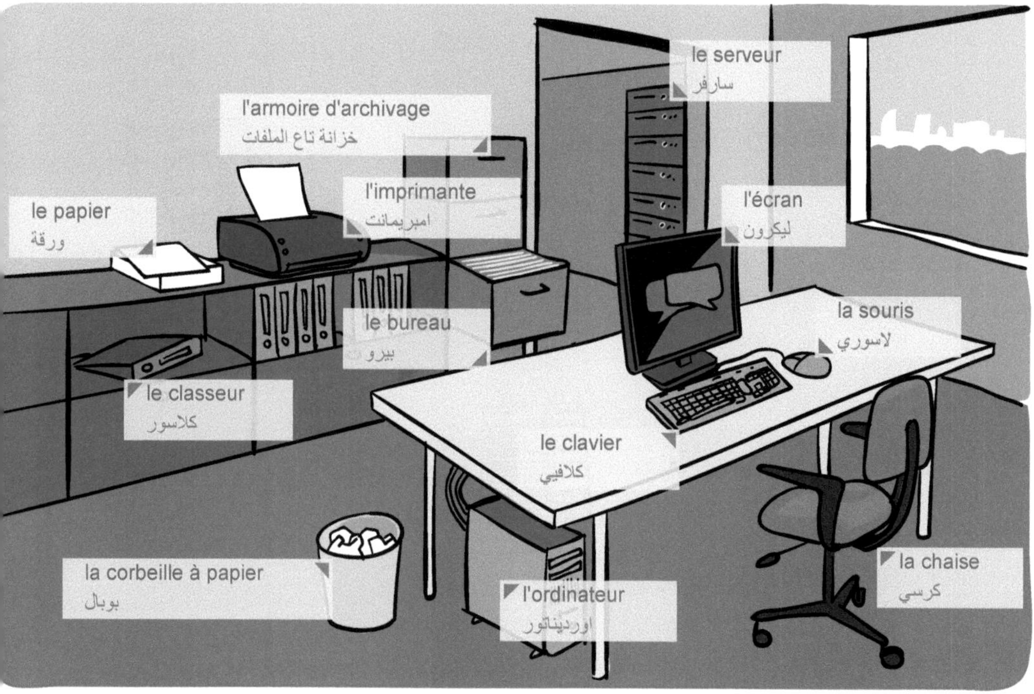

l'armoire d'archivage
خزانة تاع الملفات

le serveur
سارفر

l'imprimante
امبريمانت

l'écran
ليكرون

le papier
ورقة

la souris
لاسوري

le bureau
بيرو

le classeur
كلاسور

le clavier
كلافيي

la corbeille à papier
بوبال

la chaise
كرسي

l'ordinateur
اورديناتور

la tasse de café

كاس قهوة

la calculatrice

كاكولاتريس

l'internet

لانترنت

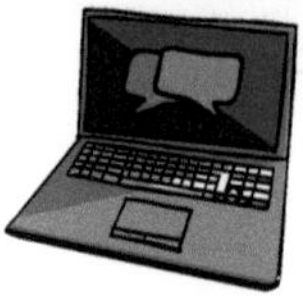

l'ordinateur portable

اوردیناتور

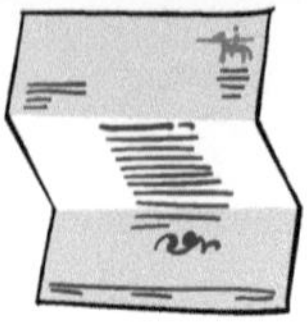

la lettre

برية

le message

ميساج

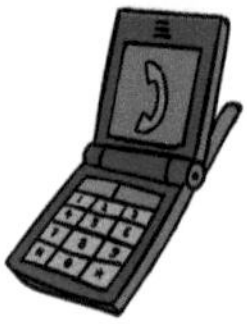

le portable

بورطابل

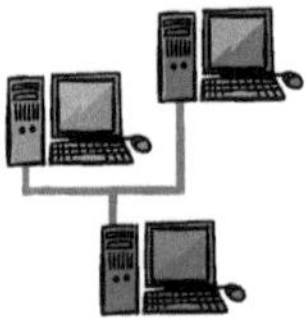

le réseau

ريزو

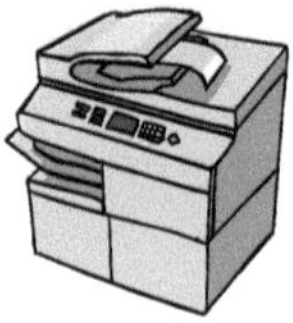

la photocopieuse

فوطوكوبي

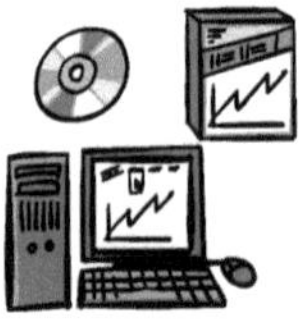

le logiciel

لوجسيال

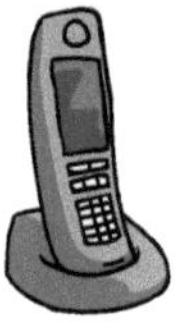

le téléphone

تيلفون

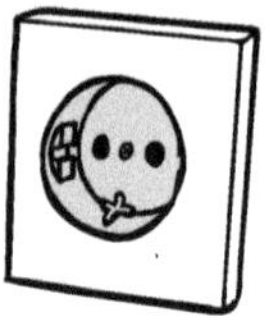

la prise

بريزة

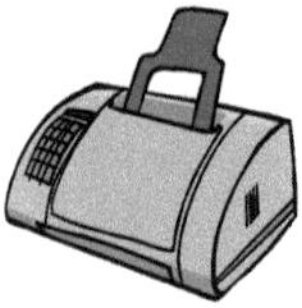

le fax

فاكس

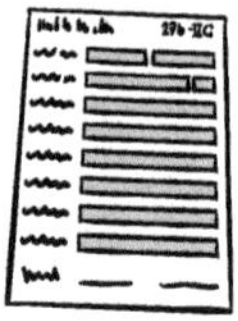

le formulaire

استمارة

le document

وثيقة

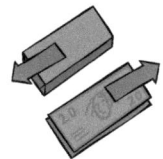

acheter

يشري

payer

يخلص

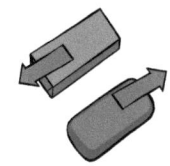

faire du commerce

يتاجر

la monnaie

دراهم

le dollar

دولار

l'euro

اورو

le yen

ين

le rouble

روبل

le franc suisse

فرنك سويسري

le renminbi yuan

يوان

la roupie

روبية

le distributeur automatique

ديستريبيتور

le bureau de change

بيرة تاع الصرف

l'or

ذهب

l'argent

فضة

le pétrole

نفط

l'énergie

طاقة

le prix

السومة

le contrat

عقد

la taxe

طاكس

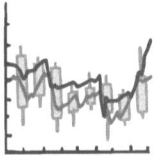

l'action

سهم

travailler

يخدم

l'employé

خدام

l'employeur

مول الشي

l'usine

وزين

le magasin

حانوت

les professions
الخدمة

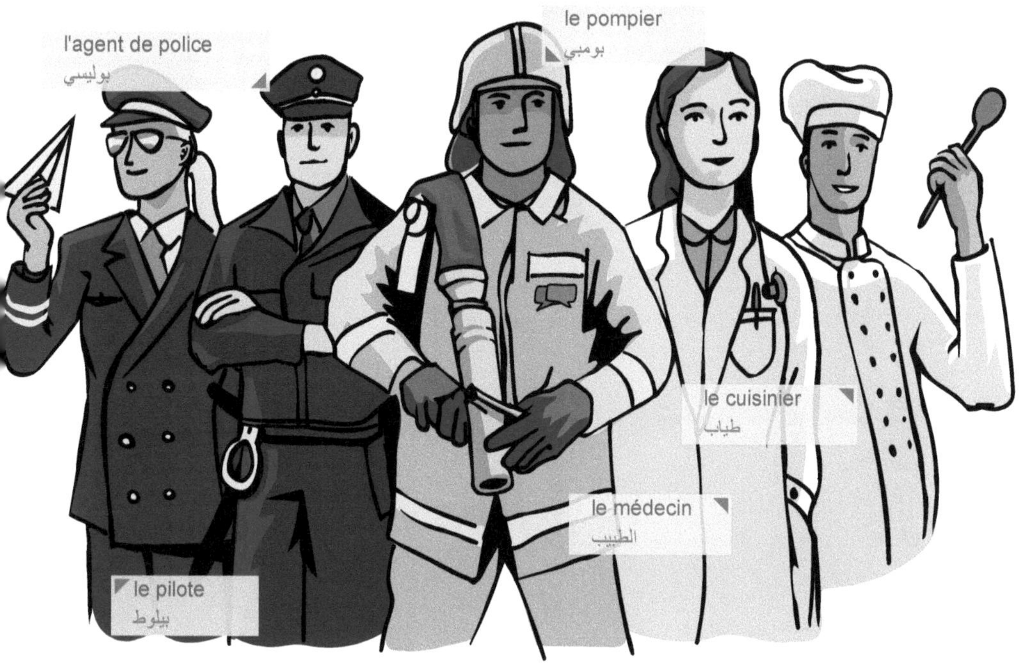
l'agent de police
بوليسي
le pompier
بومبي
le cuisinier
طياب
le médecin
الطبيب
le pilote
بيلوط

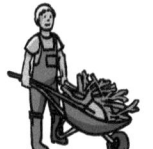

le jardinier
جرديني

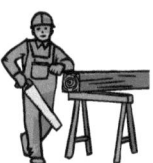

le menuisier
نجار

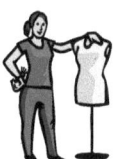

la couturière
خياط

le juge
قاضي

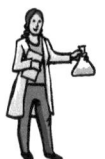

le chimiste
شيميك

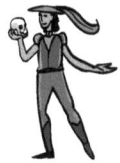

l'acteur
ممثل

le conducteur de bus

شوفير

le chauffeur de taxi

طاكسيور

le pêcheur

صياد

la femme de ménage

خدامة

le couvreur

ماصو تاع الصقف

le serveur

سارفور

le chasseur

صياد

le peintre

بنتار

le boulanger

خباز

l'électricien

الكتريسيان

l'ouvrier

ماصون

l'ingénieur

مهندس

le boucher

بوشي

le plombier

بلومبي

le facteur

فاكتور

le soldat

جندي

l'architecte

ارشيتكت

le caissier

كاسبي

le fleuriste

بياع اورد

le coiffeur

كوافير

le contrôleur

الكنترول

le mécanicien

ميكانيسيان

le capitaine

كابيتان

le dentiste

طبيب سنان

le scientifique

عالم

le rabbin

حاخام

l'imam

امام

le moine

موان

le prêtre

موان

les outils
ليزوتي

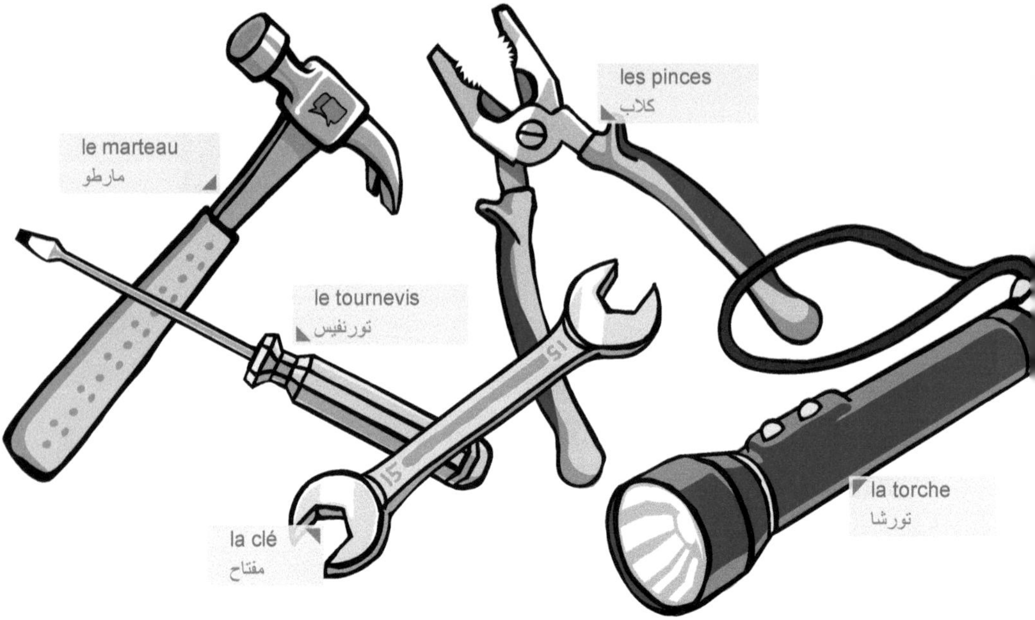

le marteau
مارطو
les pinces
كلاب
le tournevis
تورنفيس
la clé
مفتاح
la torche
تورشا

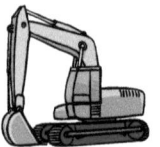

la pelleteuse
جرافة

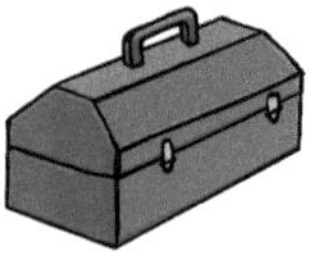

la boîte à outils
قايصة نتاع ليزوتي

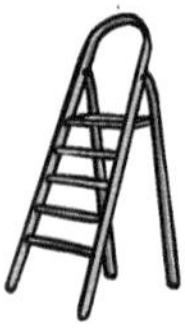

l'échelle
سلوم

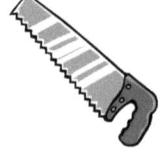

la scie
منشار

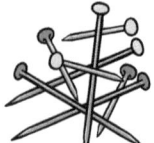

les clous
مسامير

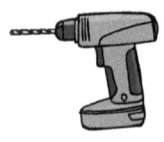

la perceuse
برسوز

réparer

يصنع

la pelle

البالة

Mince !

ياويلي

la pelle

بالا

le pot de peinture

بو تاع بنتورة

les vis

ليفيس

---

les instruments de musique

آلات موسيقية

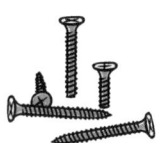

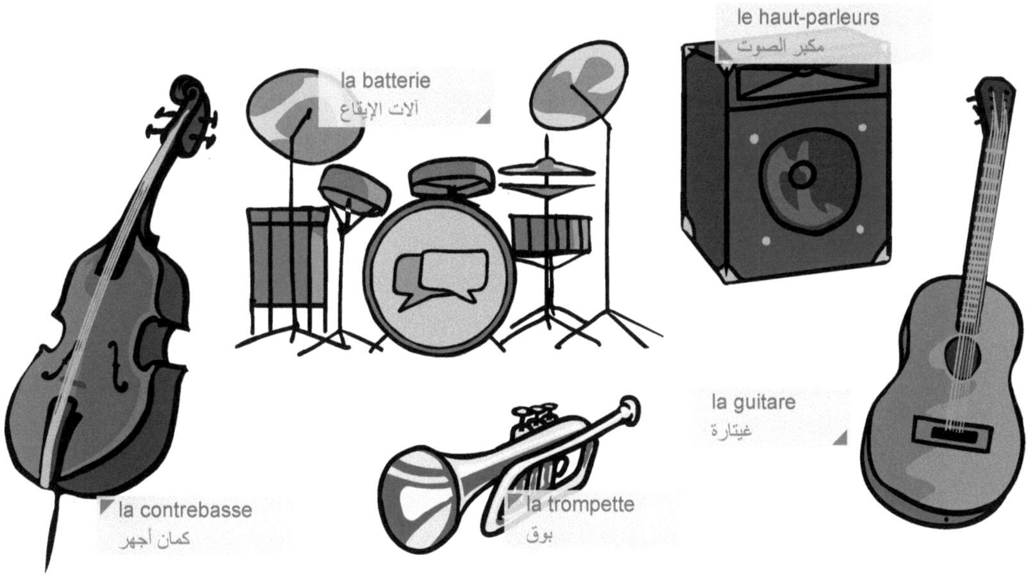

le haut-parleurs

مكبر الصوت

la batterie

آلات الإيقاع

la guitare

غيتارة

la contrebasse

كمان أجهر

la trompette

بوق

le piano

بيانو

le violon

كمنجة

la basse

جهير

les timbales

طبل كبير

le tambour

طبل

le piano électrique

بيانو كهرباني

le saxophone

ساكسوفون

la flûte

ناي

le microphone

ميكروفون

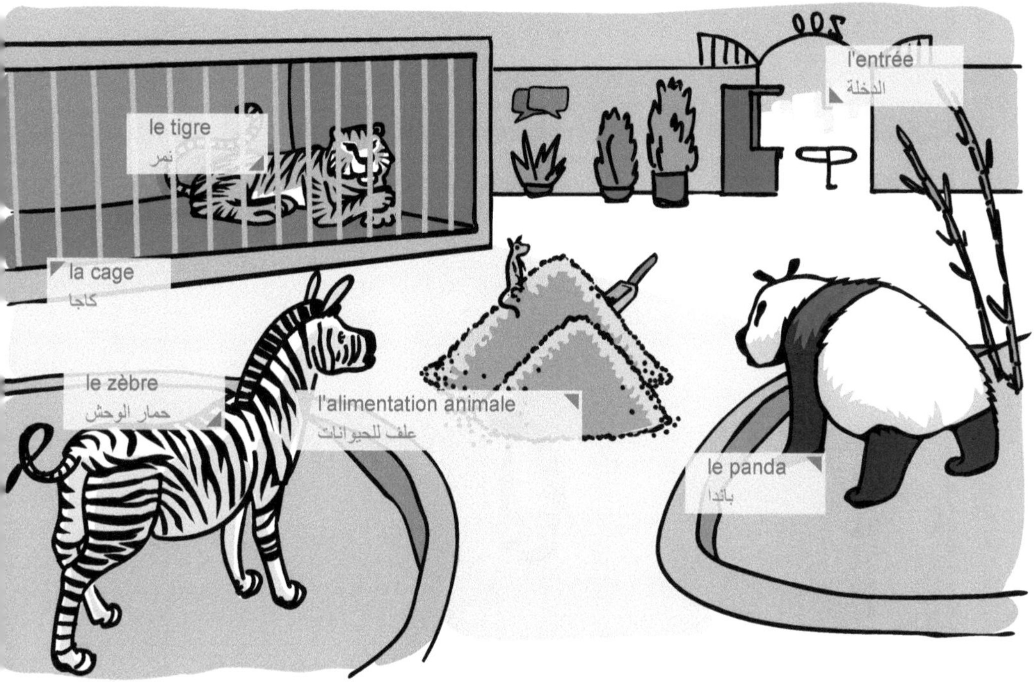

l'entrée
المدخلة

le tigre
نمر

la cage
كاجا

le zèbre
حمار الوحش

l'alimentation animale
علف للحيوانات

le panda
باندا

les animaux

حيوانات

l'éléphant

فيل

le kangourou

كنغر

le rhinocéros

وحيد القرن

le gorille

غوريلا

l'ours

دب

le chameau

جمل

l'autruche

نعامة

le lion

سبع

le singe

نشيطا

le flamand rose

فلامونغوز

le perroquet

بيروكي

l'ours polaire

دب قطبي

le pingouin

بطريق

le requin

سمك القرش

le paon

طاووس

le serpent

لفعة

le crocodile

تمساح

le gardien de zoo

عساس في حديقة الحيوان

le phoque

عجل البحر

le jaguar

نمر أمريكي مرقط

le poney

فرس قزم

le léopard

نمر

l'hippopotame

فرس النهر

la girafe

زرافة

l'aigle

نسر

le sanglier

حلوف

le poisson

حوت

la tortue

فكرون

le morse

حيوان فظ البحري

le renard

ثعلب

la gazelle

غزال

l'american Football
بالون اميريكا

le cyclisme
الركبة تاع البيسكلت

le tennis
تينيس

le basket-ball
باسكات

la natation
العوم

la boxe
بوكس

le hockey sur glace
هوكي

le football

بالون

le badminton

الريشة الطائرة

l'athlétisme

اتلاتيزم

le handball

الهوند

le ski

سكي

le polo

بولو

sauter
ينقّز

embrasser
يعنق

rire
يضحك

marcher
يمشّي

chanter
يغني

prier
يصلي

rêver
ينوم

faire la bise
يبوس

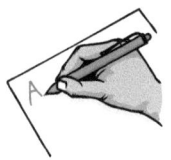

écrire
....
يكتب

dessiner
....
يرسم

montrer
....
يوري

pousser
....
يدمر

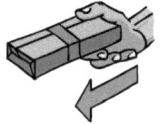

donner
....
يعطي

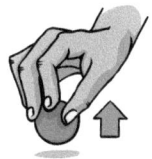

prendre
....
يدي

avoir

يملك

faire

يخدم

être

كاين

être debout

يوقف

courir

يجري

trier

يجبد

jeter

يقيس / يرمي

tomber

يطيح

être couché

يتكسل

attendre

يشوف

porter

يرفد

être assis

يقعد

s'habiller

يلبس

dormir

يرقد

se réveiller

ينوض

regarder

يشوف في

pleurer

يبكي

caresser

يحاك

peigner

يمشّط

parler

يهدر

comprendre

يفهم

demander

يسقسي

écouter

يسمع

boire

يشرب

manger

يأكل

ranger

يخمل

aimer

يبغي

cuire

يطيب

conduire

يصوق

voler

يطير

faire de la voile

....

يبحر بالفلوكة

calculer

....

يحسب

lire

....

يقرا

apprendre

....

يتعلم

travailler

....

يخدم

se marier

....

يتزوج

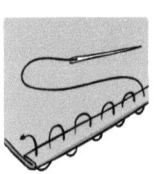

coudre

....

يخيط

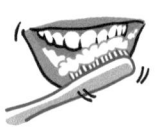

brosser les dents

....

يغسل سنانو

tuer

....

يكتل

fumer

....

يكمي

envoyer

....

يرسل

la famille

لعايلة

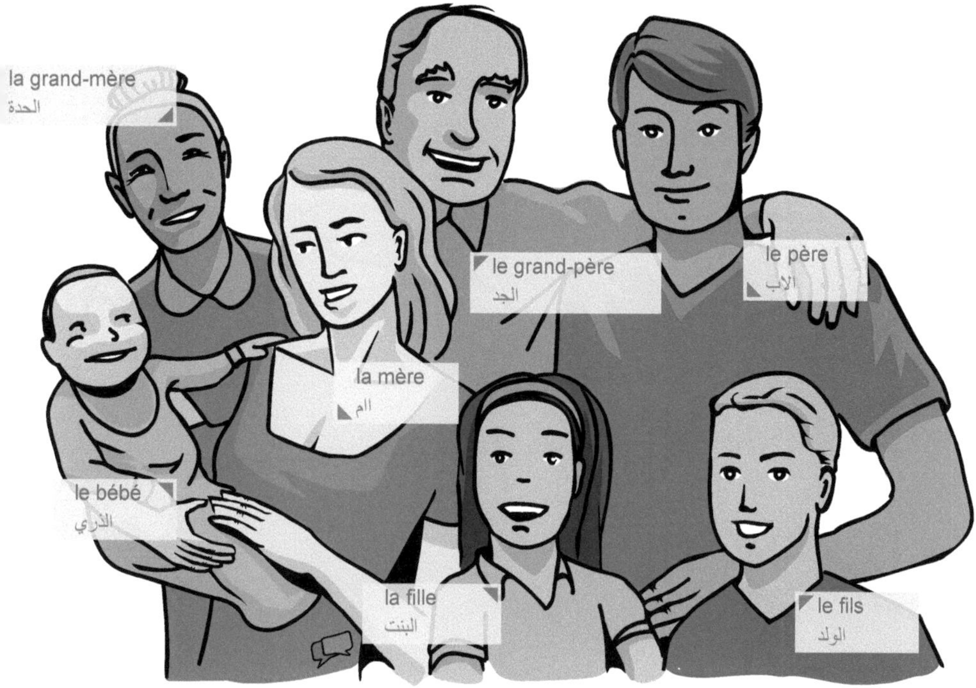

la grand-mère
الحدة
le grand-père
الجد
le père
الاب
la mère
ام
le bébé
الذري
la fille
البنت
le fils
الولد

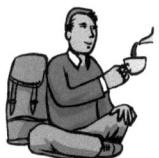

l'hôte

ضيف

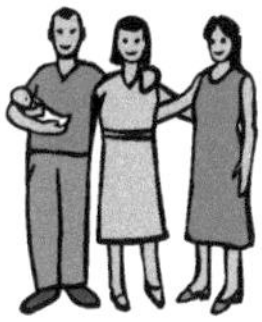

la tante

العمة / الخالة

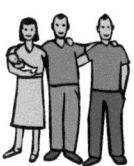

l'oncle

العم / الخال

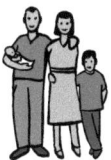

le frère

الخو

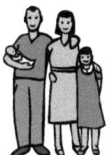

la sœur

الخت

le corps

الجسم

le front
الجبهة
l'œil
العين
l'épaule
الكتف
le doigt
صبع
le visage
الوجه
le menton
اللحية
la main
اليد
la jambe
الساق
la poitrine
الصدر
le bras
الذراع

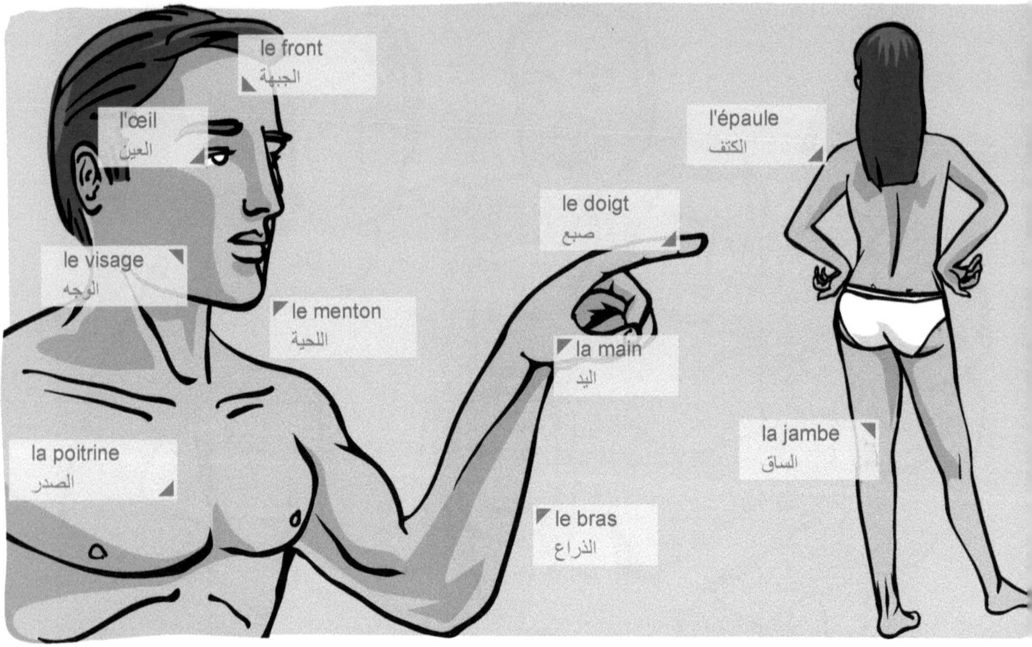

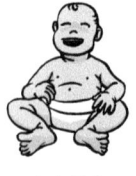

le bébé

الذري

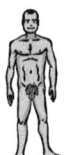

l'homme

الراجل

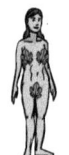

la femme

المرا

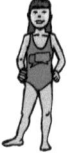

la fille

الشيرة، الطفلة

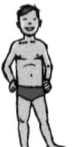

le garçon

الشير

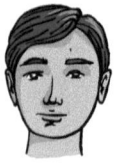

la tête

الراس

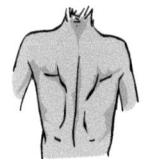

le dos

ظهر

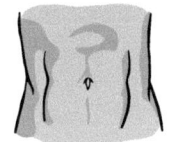

le ventre

الكرش

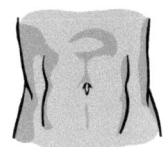

le nombril

السرة

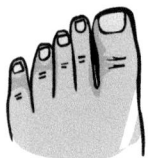

l'orteil

صبع

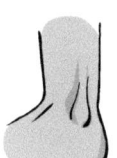

le talon

طالون

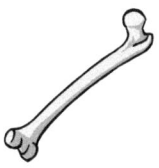

l'os

العظم

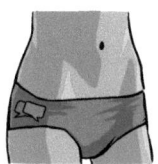

la hanche

المرادف

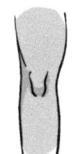

le genou

الركبة

le coude

لمرفغ

le nez

نيف

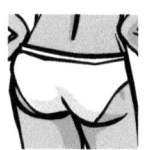

les fesses

مصاصيط

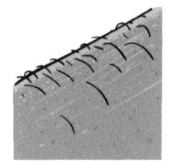

la peau

البشرة

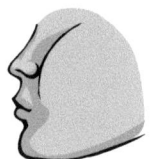

la joue

الحنوك

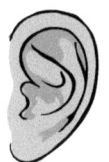

l'oreille

لوذن

la lèvre

شوربة

la bouche

الفم

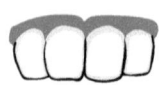

la dent

السنة

la langue

اللسان

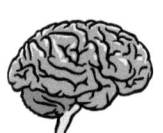

le cerveau

الدماغ

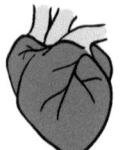

le cœur

القلب

le muscle

العضلة

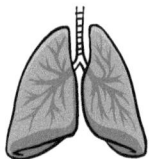

les poumons

الرية

le foie

الكبدة

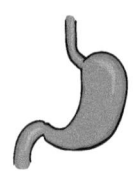

l'estomac

لسطوما

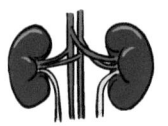

les reins

كلوى

le rapport sexuel

رابور

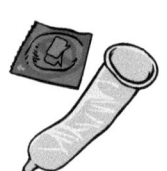

le préservatif

بريزارقتيف

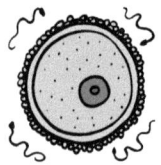

l'ovule

البويضة

le sperme

سبرم

la grossesse

بلكرش

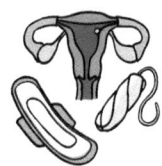

la menstruation

ليراغل

le vagin

المهبل

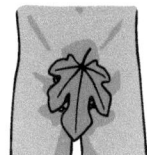

le pénis

المذاكر

le sourcil

الحاجب

les cheveux

الشعر

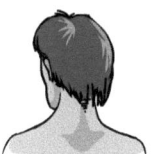

le cou

رقبة

l'hôpital
سبيطار

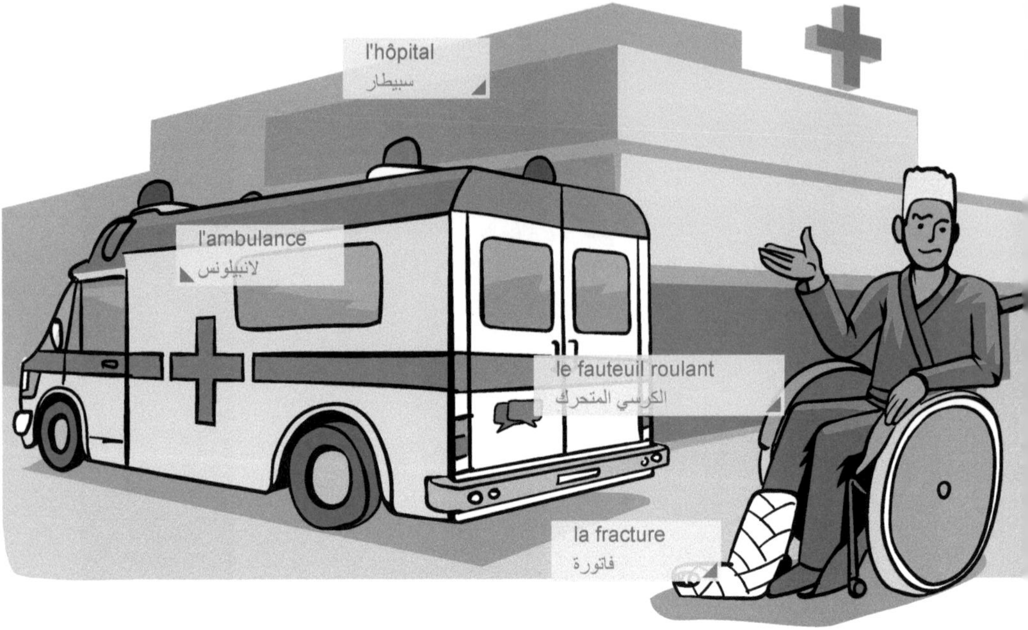

l'hôpital
سبيطار
l'ambulance
لانبيلونس
le fauteuil roulant
الكرسي المتحرك
la fracture
فاتورة

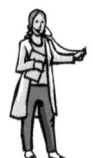

le médecin
الطبيب

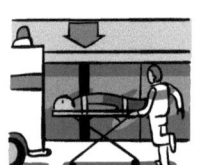

le service des urgences
ليزيرجونس

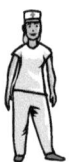

l'infirmière
الممرضة

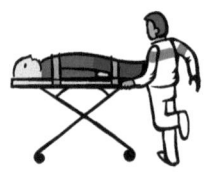

l'urgence
ليرجونس

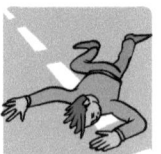

inconscient
تغاشى

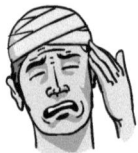

la douleur
الوجع

la blessure

الجرح

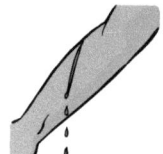

l'hémorragie

يسل الدم

la crise cardiaque

القلب

l'attaque cérébrale

لافيسي

l'allergie

لالرجي

la toux

الكحة

la fièvre

الحمة

la grippe

لاقريب

la diarrhée

الاسهال

le mal de tête

ميغران

le cancer

السرطان

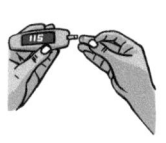

le diabète

السكر

le chirurgien

الجراح

le scalpel

مبضع

l'opération

عملية تاع القلب

le CT

لاسيتي

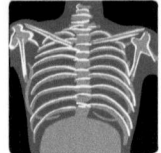

la radiographie

الراديو

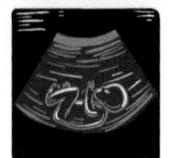

l'échographie

لولتخازون

le masque

لماسك

la maladie

المرض

la salle d'attente

وين يقارعو

la béquille

العكاز

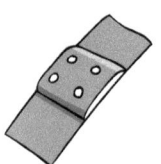

le pansement

سكوتتش

le pansement

لبانسما

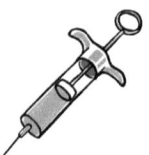

l'injection

لبرة

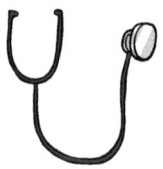

le stéthoscope

السماعة تاع الطبيب

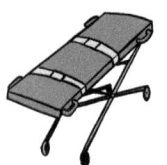

le brancard

نقالة

le thermomètre

لوزنو بيه الحمة

l'accouchement

زيادة

la surcharge pondérale

السمونية

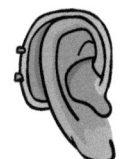

l'appareil auditif

جهاز السمع

le désinfectant

المعقم

l'infection

لنفكسون

le virus

الفيروس

le VIH / le sida

السيدا

le médicament

الدوا

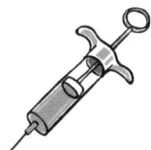

la vaccination

الفاكسان

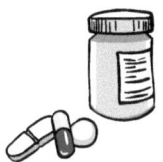

les comprimés

الدوا حب

la pilule

بيلولة

l'appel d'urgence

يعيط للنجدة

le tensiomètre

الجهاز ليقيسو بيه الدم

malade / sain

مريض / صحيح

Au secours !

سلكوني

l'alarme

لالارم

l'assaut

يتعدا

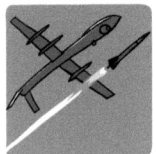

l'attaque

يهجم

le danger

دونجي

la sortie de secours

مخرج الطوارئ

Au feu!

النار شاعلة

l'extincteur

لكستانتور

l'accident

اكسيدون

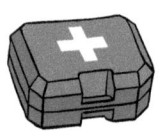

la trousse de premier
secours

فيزة تاع الاسعاف الاولي

SOS

سلكونا

la police

لابوليس

l'Europe

أوروبا

l'Amérique du Nord

أمريكا الشمالية

l'Amérique du Sud

أمريكا الجنوبية

l'Afrique

أفريقيا

l'Asie

آسيا

l'Australie

أستراليا

l'Océan atlantique

المحيط الأطلسي

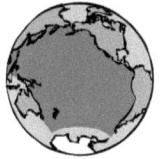

l'Océan pacifique

المحيط الهادي

l'Océan indien

المحيط الهندي

l'Océan antarctique

المحيط المتجمد الجنوبي

l'Océan arctique

المحيط المتجمد الشمالي

le Pôle nord

القطب الشمالي

le Pôle sud

القطب الجنوبي

l'Antarctique

منطقة القطب الجنوبي

la terre

أرض

le pays

بلاد

la mer

بحر

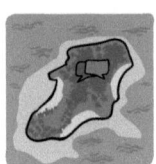

l'île

جزيرة

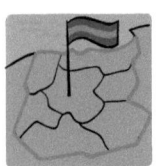

la nation

امة

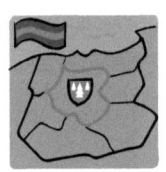

l'état

دولة

le cadran

ميناء الساعة

l'aiguille des heures

عقرب الساعات

l'aiguille des minutes

عقرب الدقائق

l'aiguille des secondes

عقرب الثواني

Quelle heure est-il ?

شعال راها الساعة؟

le jour

يوم

le temps

زمن

maintenant

دروك

la montre digitale

ساعة رقمية

la minute

دقيقة

l'heure

ساعة

la semaine

سيمانة

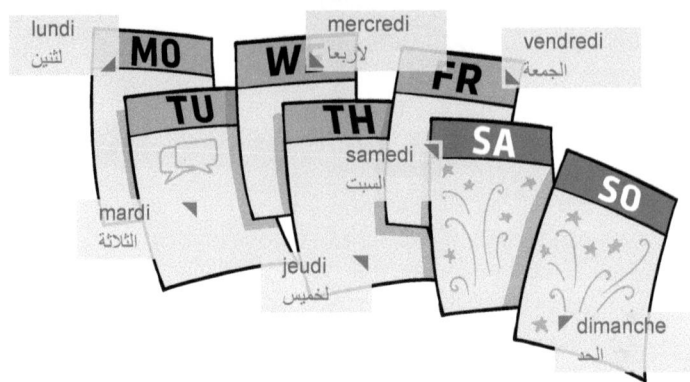

lundi — لثنين
mercredi — لأربعا
vendredi — الجمعة
MO TU W TH FR SA SO
mardi — الثلاثة
samedi — السبت
jeudi — لخميس
dimanche — الحد

hier

لبارح

aujourd'hui

اليوم

demain

غدوا

le matin

صباح

le midi

القايلة

le soir

العشية

les jours ouvrables

يامات الخدمة

le week-end

ويكاند

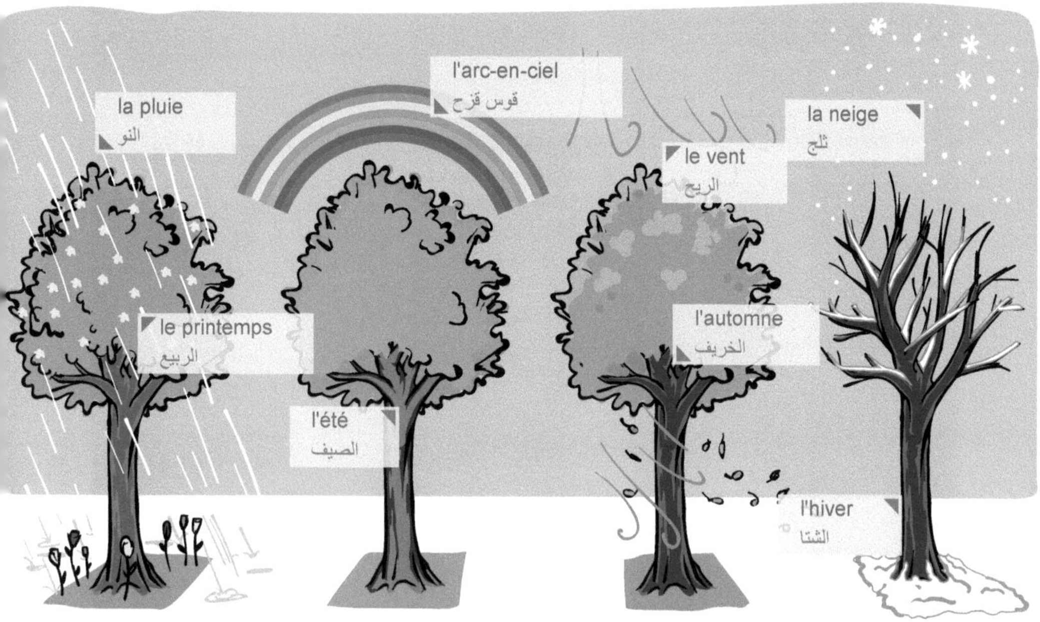

la pluie
النو
l'arc-en-ciel
قوس قزح
le vent
الريح
la neige
ثلج
le printemps
الربيع
l'été
الصيف
l'automne
الخريف
l'hiver
الشتا

4.APRIL 11°
5.APRIL 4°
6.APRIL 13°
7.APRIL 8°
8.APRIL 10°

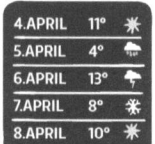

la météo

يتنبأ بالحال

F C
120 40
90 30
60 20
30 10
0 0
-30 -10
-20

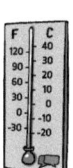

le thermomètre

مقياس حرارة

la lumière du soleil

ضوء الشمس

le nuage

سحابة

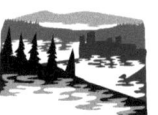

le brouillard

ضباب

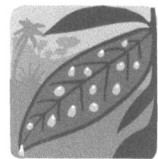

l'humidité

ميديتي

la foudre

برق

la tonnerre

رعد

la tempête

عاصفة

la grêle

بَرَد

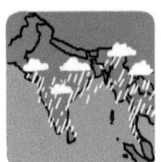

la mousson

ريح

l'inondation

طوفان

la glace

جليد

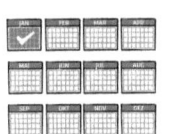

janvier

جانفي

février

فيفري

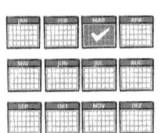

mars

مارس

avril

افريل

mai

ماي

juin

جوان

juillet

جويلية

août

اوت

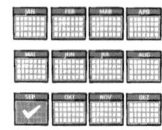

septembre
....
سبتمبر

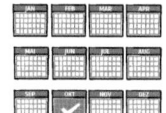

octobre
....
اكتوبر

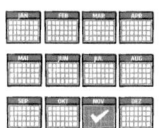

novembre
....
نوفمبر

décembre
....
ديسمبر

les formes

فورما

le cercle
....
دويرة

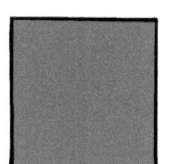

le carré
....
مربع

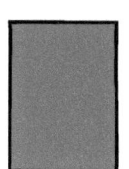

le rectangle
....
مستطيل

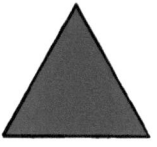

le triangle
....
مثلث

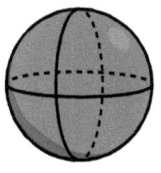

la sphère
....
كويرة

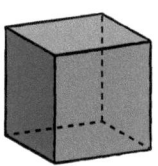

le cube
....
مكعب

blanc

بيض

jaune

صفر

orange

تثيينى

rose

روز

rouge

حمر

violet

حلحالي

bleu

زرق

vert

خظر

marron

قهوي

gris

قري

noir

كحل

beaucoup / peu

بزاف / شوية

fâché / calme

زعفان / مكالمي

joli / laid

شباب / مشى شباب

le début / la fin

البدية / التالي

grand / petit

كبير / صغير

clair / obscure

فاتح / فونسي

frère / soeur

خو / خت

propre / sale

نقي / موسخ

complet / incomplet

كامل / ناقص

le jour / la nuit

نهار / اليل

mort / vivant

ميت / حي

large / étroit

عريض / ضيق

comestible / incomestible

يقدو ياكلوه / ميقدروش ياكلوه

méchant / gentil

شرير / ناس ملاح

excité / ennuyé

يثير / يمل

gros / mince

سمين / رقيق

le premier / le dernier

اللولا / التالية

l'ami / l'ennemi

الصاحب / لعدو

plein / vide

معمر / فارغ

dur / souple

قاصح / سوبل

lourd / léger

ثقيل / خفيف

faim / soif

جوع / عطش

malade / sain

مريض / صحيح

illégal / légal

غير شرعي / شرعي

intelligent / stupide

ذكي / مبوقّل

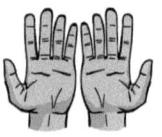

gauche / droite

يسار / يمين

proche / loin

قريب / بعيد

nouveau / usé

جديد / مستعمل

rien / quelque chose

مكانش / شوية

vieux / jeune

ثيياني / شاب

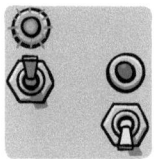

marche / arrêt

يشعل / يطفئ

ouvert / fermé

محلول / مبلع

faible / fort

بشوية / بلفور

riche / pauvre

مرفح / زوالي

correct / incorrect

نيشان / خاطيء

rugueux / lisse

حرش / رطب

triste / heureux

زعفان / فرحان

court / long

قصير / طويل

lent / rapide

بشوية / بلخف

mouillé / sec

مشمخ / ناشف

chaud / froid

حامي / بارد

la guerre / la paix

الڤيرة / لامان

0

zéro
....
صفر

1

un / une
....
واجد

2

deux
....
زوج

3

trois
....
تلاثة

4

quatre
....
ربعة

5

cinq
....
خمسة

6

six
....
ستة

7

sept
....
سبعة

8

huit
....
ثمانية

9

neuf
....
تسعة

10

dix
....
عشرة

11

onze
....
حداعش

12

douze

ثناعش

13

treize

تلطاعش

14

quatorze

رباطاعش

15

quinze

خمسطاعش

16

seize

سطاعش

17

dix-sept

سبعطتعش

18

dix-huit

ثمنطاعش

19

dix-neuf

تساعطاش

20

vingt

عشرون

100

cent

مية

1.000

mille

ألف

1.000.000

le million

مليون

l'anglais

انقلي

l'anglais américain

انغلي تاع مريكان

le chinois mandarin

لغة الشنوية

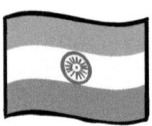

le hindi

الهندية

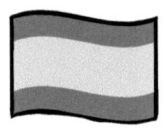

l'espagnol

سبنيولية

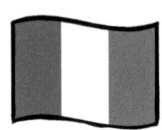

le français

القرونسي

l'arabe

العربية

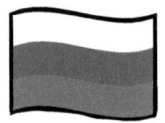

le russe

الروسية

le portugais

البوتغالية

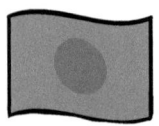

le bengali

البنغالية

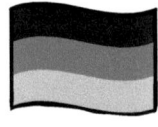

l'allemand

لالمنية

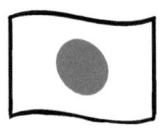

le japonais

الجابونية

je

انا

tu

نتا

il / elle / ce, c', cela

هو

nous

حنايا

vous

نتوما

ils / elles

هوما

Qui ?

شكون

Quoi ?

واش

Comment ?

كيفاش

Où ?

وين

Quand ?

وقتاش

le nom

الاسم

derrière
....
مرول

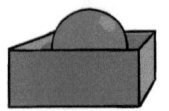

dans
....
في

devant
....
قدام

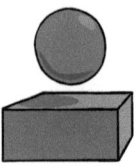

au-dessus
....
فوق

sur
....
على

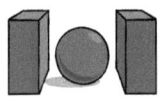

en-dessous
....
تحت

à côté de
....
حدا

entre
....
بين

le lieu
....
بلاصة